Provence

teNeues

Provence

Photographs by Steffen Lipp
Text by Pierrette Stephan-Letondor

teNeues

La Provence – son nom a quelque chose de magique. Il suffit de le prononcer et surgissent une palette de couleurs chaudes, un bouquet d'odeurs aromatiques ainsi que des rêves de vacances ensoleillées. Tel un carré aux contours incertains, délimité naturellement à l'ouest par le Rhône et à l'est par les Alpes, français et étrangers la privilégient pour « sa douceur de vivre et sa lumière » qui y règnent toute l'année.

Elle est une terre de contrastes géographiques, offrant une multitude de paysages, un relief varié ainsi que des massifs nombreux et disparates au nord. Pour le plus grand bonheur des individualistes.

Sa frontière sud se confond avec le bleu azuré de la Méditerranée. Dans la vaste plaine de rencontre du fleuve et de la mer, nous sommes en Camargue, le coin le plus mythique qui soit. Réserve nationale elle est protégée des agressions du monde moderne ; chevaux d'un blanc immaculé et flamands roses y évoluent en toute quiétude. Tout comme les nombreux pêcheurs tout à leur filet à la tombée du jour ou surveillant les bancs de moules. Les montagnes de sel en plein air de Salin-de-Giraud scintillent dès le premier rayon de soleil. Sa charmante capitale, Les Saintes-Maries-de-la-Mer, rivalise allégrement en été avec le célèbre petit port de Saint-Tropez, rendez-vous de la jet-set internationale.

Pour les inconditionnels de la patrie de Marcel Pagnol, le cœur de la Provence bat dans les collines sensuelles et sentiers montueux du Luberon : coteaux de vignobles, plaines d'oliveraies et champs de lavande. Aux pieds de l'abbaye de Sénanque, le plus beau champ de lavande, à Carpentras le marché aux olives le plus connu. Les sols arides aux senteurs enivrantes de thym, romarin sont parsemés de *bories*, huttes rondes en pierres plates. A Roussillon, les maisons sont aux couleurs des ocres extraites sur place, magnifiées par le soleil. Bonnieux est un de ces villages typiques, qui exigent que l'on gravisse ses flancs pour jouir de l'un de ces immenses espaces ouverts et lumineux qui caractérisent la Haute-Provence.

Les gens à l'accent du midi chantant comme les cigales se moquent du mistral – ce vent décoiffant qui a donné son nom au Mont Ventoux. Leurs villages sont parfois perchés, leurs clochers tout en dentelles, les *barbarottes*. Le pastis délie les langues aux terrasses colorées des cafés. Les hommes titillent le cochonnet à l'ombre des platanes lors des éternelles parties de pétanque. Ici, on sait prendre son temps.

Combien sont-ils à avoir tout abandonné pour s'installer définitivement dans ces terres de rêve ? « Un jour Provence, Provence toujours ? »

Pierrette Stephan-Letondor

Provence—the name has something magical about it. You just have to say it and a palette of warm colors appears, an aroma of sweet scents and dreams of sunny vacation days. The triangle-shaped region has vague contours and its natural borders are the river Rhone in the west and the Alps in the east. The French and foreign tourists love Provence because of "its gentle life and the quality of its light" that lasts the whole year round.

The region is full of geographical contrasts, covering a host of different landscapes, with diverse terrain extending to numerous and undulating mountains in the north—much to the delight of individualists.

In the south, the borders of Provence merge with the Mediterranean's azure blue. On the wide plane, where the rivers join the sea, we are in the Camargue region, one of the most mythical places you can imagine. As a designated National Park this area is legally protected from the intrusions of modern life; perfect white horses and pink flamingos live here in peace. The same goes for scores of fishermen checking their nets and banks of mussels when the sun goes down. The salt mountains of Salin-de-Giraud already glisten in the open air and first rays of sunlight. In summer, the charming capital of the Camargue region, Les Saintes-Maries-de-la-Mer, enters a lively contest with the famous, tiny port of Saint-Tropez, a rendezvous for the international jet-set.

For die-hard fans of Marcel Pagnol's home region, Provence, the true center is in the sensual hills and on the mountains trails of the Luberon, with its vineyards, olive groves and lavender fields. The most beautiful lavender field lies at the foot of the Abbey of Sénanque and the most famous olive market is at Carpentras. Round stone huts, *les bories*, stand on arid ground, scented by thyme and rosemary. In Roussillon, the houses are the color of the ochre hills, where the color is extracted, with its power magnified by the sun. Bonnieux is one of those typical villages that tempt you to climb the mountain face, just to enjoy one of the magnificent views, bathed in light, and stretching far into the distance. They are the characteristic views of Haute-Provence.

The natives of this region with their typical accent of the midi, like the singing of cicadas, mock the mistral—the tempestuous wind (in French: le vent) that gave its name to the Mont Ventoux. Some of the villages are perched on the hillside and the bell towers, *les barbarottes*, are made of iron-fretwork. On colorful café terraces, the pastis loosens the talk. They say that the people "tickle the pig" when they play endless rounds of pétanque (like boules), under the shade of the plane trees, with the bowls rolling a little bit nearer to the jack. Here, they take their time.

How many visitors have abandoned everything to stay for ever in this dream world? "Once Provence, always Provence?"

Pierrette Stephan-Letondor

Die Provence – ihr Name hat etwas Magisches. Es genügt, ihn auszusprechen, und schon erscheinen eine Palette warmer Farben, ein Bouquet aromatischer Düfte und Träume von sonnigen Urlaubstagen. Dieses Rechteck mit unklaren Konturen hat als natürliche Grenzen im Westen die Rhone und im Osten die Alpen. Franzosen und ausländische Gäste lieben die Provence wegen „ihres süßen Lebens und ihres Lichts", die dort das ganze Jahr über herrschen.

Die Region steckt voller geographischer Kontraste. Sie vereint eine Vielzahl von Landschaften, und ihr vielgestaltiges Bodenrelief umfasst im Norden zahlreiche und unterschiedliche Bergmassive – sehr zur Freude der Individualisten.

Im Süden verschmelzen die Grenzen der Provence mit dem Azurblau des Mittelmeers. In der weiten Ebene, wo Fluss und Meer sich treffen, befinden wir uns in der Camargue, dem mystischsten Ort, den man sich denken kann. Als Nationalpark steht das Gebiet unter Naturschutz und wird so vor Übergriffen der modernen Welt bewahrt; makellos weiße Pferde und rosa Flamingos leben hier in Frieden – ebenso wie die vielen Fischer, die alle in der Abenddämmerung nach ihren Netzen oder Muschelbänken schauen. Die Salzberge von Salin-de-Giraud glitzern unter freiem Himmel schon ab den ersten Sonnenstrahlen. Die charmante Hauptstadt der Camargue, Les Saintes-Marie-de-la-Mer, liefert sich im Sommer einen munteren Wettstreit mit der berühmten kleinen Hafenstadt Saint-Tropez, wo sich der internationale Jetset ein Stelldichein gibt.

Für die Anhänger der Heimat von Marcel Pagnol, schlägt das Herz der Provence in der geradezu sinnlichen Hügellandschaft und auf den bergigen Pfaden des Luberon mit seinen Weinlagen, Olivenhainen und Lavendelfeldern – das schönste davon breitet sich am Fuße der Abtei Sénanque aus. Der berühmteste Olivenmarkt ist der in Carpentras. Runde Steinhütten, die *Bories*, stehen verstreut auf dem trockenen, nach Thymian und Rosmarin duftenden Boden. In Roussillon haben die Häuser die Farbe der Ockerfelsen, deren Farbstoff hier gewonnen wird, und ihre Leuchtkraft wird von der Sonne noch verstärkt. Bonnieux ist eines der typischen Dörfer, die einen dazu bringen, die Bergflanken hinaufzusteigen, um dann einen dieser gewaltigen Ausblicke zu genießen, weit und lichtdurchflutet, die für die Haute-Provence so charakteristisch sind.

Die Menschen mit dem singenden Akzent des Midi, der an die Zikaden erinnert, lassen sich nicht beeindrucken vom Mistral – diesem stürmischen Wind (französisch „le vent"), der dem Mont Ventoux seinen Namen gab. Manche seiner Dörfer sind Felsennester. Die Glockentürme, die *Barbarottes*, bestehen aus filigranem Schmiedeeisen. Auf den bunten Café-Terrassen löst der Pastis die Zunge. Man sagt gerne, die Menschen „kitzeln das Schweinchen", wenn sie im Schatten der Platanen endlose Partien Pétanque spielen, und ihre Kugeln immer noch ein bisschen näher an die Zielkugel, das „Schweinchen", heranrollen. Hier lässt man sich Zeit.

Wie viele haben wohl schon alles hinter sich gelassen, um für immer in diesem Land der Träume zu bleiben? „Einmal Provence, immer Provence?"

Pierrette Stephan-Letondor

Provenza –Su nombre tiene algo mágico. Es suficiente con pronunciarlo para que aparezcan una gama de colores cálidos, un bouquet de olores aromáticos y sueños de soleadas vacaciones. Este rectángulo de contornos poco claros tiene como fronteras naturales el Rhone al oeste y los Alpes al este. A los franceses y a los extranjeros les gusta la Provenza por su "dulce vida y su luz" que reinan allí durante todo el año.

Es una tierra de contrastes geográficos que ofrece una multitud de paisajes, un relieve variado así como numerosos y desiguales macizos de montañas al norte –para gran gozo de los individualistas.

Su frontera sur se confunde con el azul celeste del Mediterráneo. En la amplia planicie donde el río y el mar se encuentran nos hallamos en la Camargue, el lugar más místico que uno pueda imaginarse, protegido como parque nacional de las agresiones del mundo moderno; Los caballos de un blanco inmaculado y los flamencos rosa viven aquí en paz. Del mismo modo que los muchos pescadores que a la caída de la tarde vigilan sus redes o los bancos de mariscos. Las montañas de sal de Salin-de-Giraud destellan a cielo abierto desde el primer rayo de sol. La encantadora capital de la Camargue, Les Saintes-Marie-de-la-Mer, rivaliza en verano alegremente con la célebre pequeña ciudad portuaria de Saint-Tropez, punto de encuentro de la jet set internacional.

Para los incondicionales de la tierra de Marcel Pagnol, el corazón de la Provenza late en las sensuales colinas y en los senderos montañosos de Luberon: viñedos, olivares y campos de lavanda. Al pie de la abadía de Sénanque se extiende el más bello campo de lavanda, en Carpentras está el mercado de olivas más conocido. Los *bories*, chozas redondas de piedras planas, están diseminados por los áridos suelos de embriagadores olores a tomillo y romero. En el Rosellón las casas son de ocre, color obtenido aquí, que se intensifica por el sol. Bonnieux es uno de los típicos pueblos que exigen a uno subir las faldas de la montaña para disfrutar de uno de esos inmensos espacios abiertos y luminosos que caracterizan la Alta Provenza.

La gente, con el cantarín acento del Midi que recuerda a las cigarras, se burla del mistral, ese viento que desbarata el peinado y que ha dado su nombre al Mont Ventoux. Algunos de sus pueblos son nidos rocosos. Sus campanarios, los *barbarottes*, son de hierro forjado de filigranas. En las coloridas terrazas de los cafés los pasteles sueltan la lengua. Las personas "haciendo cosquillas al cerdito" –así se llama al boliche– juegan interminables partidas de petanca a la sombra de los plátanos. Aquí uno se toma su tiempo.

¿Cuántos son los que lo han abandonado todo para instalarse definitivamente en estas tierras de ensueño? "¿Una vez Provenza, Provenza para siempre?"

Pierrette Stephan-Letondor

La Provenza – il nome ha un qualcosa di magico. Basta pronunciarlo che si materializzano una tavolozza di colori caldi, un bouquet di profumi aromatici e i sogni di vacanze soleggiate. Questa regione dai contorni incerti, delimitata ad ovest dal Rodano ed ad est dalle Alpi, è prediletta dai francesi e dagli stranieri per "la gioia di vivere e la luce" che vi regnano tutto l'anno.

È una terra di contrasti geografici, che offre una moltitudine di paesaggi, un rilievo variegato ma anche numerosi massicci montuosi differenti uno dall'altro al nord, con gran gioia degli individualisti.

Al sud il suo confine si confonde con l'azzurro del Mediterraneo. Nella vasta piana in cui s'incontrano il fiume e il mare, eccoci in Camargue, l'angolo più mitico che ci si possa immaginare. Essendo parco nazionale, è protetta dalle aggressioni del mondo moderno: cavalli immacolati e fenicotteri rosa vi vivono in tutta tranquillità, come anche i numerosi pescatori che al tramonto controllano le loro reti o i banchi di mitili. Le montagne di sale di Salin-de-Giraud scintillano fin dai primi raggi del sole. D'estate l'incantevole capoluogo, Les Saintes-Maries-de-la-Mer, rivaleggia allegramente con il celebre porticciolo di Saint-Tropez, luogo di ritrovo del jet-set.

Per i patiti della patria di Marcel Pagnol, il cuore della Provenza palpita sulle colline sensuali e sui sentieri di montagna del Luberon: vigneti, uliveti e campi di lavanda. Ai piedi dell'abbazia di Sénanque si adagia il più bel campo di lavanda, a Carpentras si tiene il mercato delle olive più famoso. Le *bories*, capanne rotonde di pietra, costellano il suolo arido da cui sale un profumo inebriante di timo e rosmarino. A Roussillon le case sono nei colori dell'ocra che viene estratta nella zona, e sono rese ancora più brillanti dal sole. Bonnieux è uno dei villaggi tipici che convincono ad inerpicarsi su per la collina per poter poi godere uno di quei fantastici panorami, immensi e luminosi, caratteristici dell'Alta Provenza.

La gente con l'accento del Midi, che ricorda il canto delle cicale, non si lascia impressionare dal maestrale, il vento che scompiglia i capelli che ha dato il nome al Monte Ventoso. Alcuni villaggi sono come abbarbicati sulle pendici, i campanili hanno come delle filigrane di ferro battuto sulla sommità, le *barbarottes*. Il pastis scioglie le lingue sulle terrazze variopinte dei caffè. All'ombra dei platani, nelle interminabili partite di petanque, i giocatori "fanno il solletico al maialino", cioè avvicinano ogni volta un po' le loro bocce al pallino. Qui ci si prende il tempo per qualsiasi cosa.

Quanti sono coloro che hanno abbandonato tutto per stabilirsi definitivamente in questa terra di sogno? "Un giorno in Provenza, per sempre in Provenza?"

Pierrette Stephan-Letondor

Table des matières Directory Verzeichnis Directorio Indice delle materie

2	Drôme-Provençale
4	Cabanon
10/11	Vue sur les Baronnies
12	Mont Ventoux
	Mont Ventoux
13	Mont Ventoux
	Mont Ventoux
14/15	Les Baronnies
16	Buis-les-Baronnies
17	Buis-les-Baronnies
18	Gorges d'Ubrieux
19	Les Baronnies
20	Montagne d'Angèle
21	Brantes
22	Près de Beauvoisin
23	Mirabel-aux-Baronnies
24	Rochebrune
25	La Roche
26	Près de Nyons
	Près de Nyons
27	Près de Nyons
28	Nyons
	Boules de Pétanque
29	Nyons
	Jeu de Pétanque
30	Nyons
31	Nyons
32	Vallée de l'Eygues
33	Les Pilles
	Vallée de l'Eygues, St-May
34	Vue de Cougoir vers le nord
	Le Poët-Sigillat
35	Abbaye de Bodon
	Abbaye de Bodon
36	Ferrassières

37	Récolte de lavande
38	Mont Ventoux
39	Vieille porte
40	Montréal-les-Sources
41	Montbrun-les-Bains
42	Une cigale
43	Séderon
44	Grimaud
45	St-Tropez
46	St-Tropez
47	St-Tropez
48	Niolon
	Ramatuelle
49	La Ciotat
50	Cap Camarat
51	Cassis
52	Cabanon
53	Vieille charrette
	Oliviers
54	Près de Sisteron
55	Paysan provençal
	Près de Banon
56	Allemagne-en-Provence, Château
57	Plateau de Valensole
	Montfuron
58/59	Plateau de Valensole
60	St-Martin-des-Bromes
	Un heurtoir
61	Moustiers-Ste-Marie
	Quinson
62	Gorges du Verdon, Arrière-pays
	Quinson
63	Gorges du Verdon
64	Haute-Provence
	Cabanon

65	Haute-Provence	96	Bédoin
66	Bonnieux	97	Bédoin
	Bonnieux		Bédoin
67	Lacoste	98	Bédoin
68	St-Saturnin-les-Apt	99	Flassan
69	Près d'Apt		Flassan
70	Roussillon	100	Près de Le Barroux
71	Roussillon	101	La Roque Alric
72	Rustrel	102	Dentelles de Montmirail
73	Rustrel	103	Mont Ventoux
74	Abbaye de Sénanque	104	Près de Malaucène
75	Plateau de Valensole	105	Près de Malaucène
76	Cerisiers	106	Malaucène
77	Fontaine-de-Vaucluse	107	Malaucène
78	Camargue		Malaucène
	Camargue	108	Cabanon, près de Caromb
79	Camargue	109	St-Sépulcre, près de Malaucène
80	Camargue	110	Vaison-la-Romaine
	Camargue		Vaison-la-Romaine
81	Camargue	111	Vaison-la-Romaine
	Camargue		Tournesols
82/83	Camargue	112	Suze-la-Rousse, Château
84	Salin-de-Giraud	113	Roussas
85	Les Stes-Maries-de-la-Mer		Roussas
86/87	Pont du Gard	114	Val-des-Nymphes
88	Prés de Maillane	115	Grignan
	Barbentane, Château		Grignan, Château
89	St-Rémy-de-Provence	116	Le Poët-Laval
90/91	Avignon		Tricastin
92	Comtat Venaissin et Mont Ventoux	117	Drôme-Provençale
	Comtat Venaissin		Vue du Mont Ventoux sur les Baronnies
93	Près de Blauvac		
94	Comtat Venaissin		
95	Cabanon		
	Cabanon		

Front cover: Les Baronnies
Back cover: Grignan / Buis-les-Baronnies / Plateau de Valensole / Brantes

Photographs © 2003 Steffen Lipp
© 2004 teNeues Verlag GmbH + Co. KG, Kempen
All rights reserved.

Steffen Lipp
24, Grand' Rue
84340 Malaucène
Phone/Fax: 0033-490-652050

Picture and text rights reserved for all countries.
No part of this publication may be reproduced in any manner whatsoever. All rights reserved.

Photographs by Steffen Lipp
Design by Jens Grundei
Introduction by Pierrette Stephan-Letondor, Paris
Translation by SWB Communications,
Dr. Sabine Werner-Birkenbach, Mainz
Dr. Suzanne Kirkbright (English)
Dr. Sabine Werner-Birkenbach (German)
Gemma Correa-Buján (Spanish)
Dr. Nicoletta Negri (Italian)
Editorial coordination by Sabine Scholz
Production by Sandra Jansen
Color separation by Medien Team-Vreden, Germany

While we strive for utmost precision in every detail, we cannot be held responsible for any inaccuracies, neither for any subsequent loss or damage arising.

Bibliographic information published by Die Deutsche Bibliothek. Die Deutsche Bibliothek lists this publication in the Deutsche Nationalbibliografie; detailed bibliographic data is available in the Internet at http://dnb.ddb.de

ISBN 3-8238-4575-6

Printed in Italy

Published by teNeues Publishing Group

teNeues Book Division
Kaistraße 18
40221 Düsseldorf
Germany
Phone: 00 49-(0)2 11-99 45 97-0
Fax: 00 49-(0)2 11-99 45 97-40
e-mail: books@teneues.de
Press department: arehn@teneues.de
Phone: 00 49-(0) 21 52-916-202

teNeues Publishing Company
16 West 22nd Street
New York, N.Y. 10010
USA
Phone: 001-212-627-9090
Fax: 001-212-627-9511

teNeues Publishing UK Ltd.
P.O. Box 402
West Byfleet
KT14 7ZF
Great Britain
Phone: 0044-1932-403509
Fax: 0044-1932-403514

teNeues France S.A.R.L.
4, rue de Valence
75005 Paris
France
Phone: 00 33-1 55 76 62 05
Fax: 00 33-1 55 76 64 19

www.teneues.com

teNeues Publishing Group
Kempen
Düsseldorf
London
Madrid
New York
Paris

teNeues